Central-Hôtel
40, Rue du Louvre — Paris

Plan-Tarif.

Juillet 1911 6. 1911. 7ᵉ

Ce Tarif annule les précédents.

Le Central Hôtel, aménagé avec tout le confort moderne, est situé au centre de Paris, dans le voisinage immédiat de la Bourse de Commerce, du Louvre, des Grands Magasins du Louvre, du Palais Royal, du Théâtre Français, de la Banque de France, de l'Administration Centrale des Postes et Télégraphes, de la Bourse des valeurs, &ᵃ

HÔTEL DE PREMIER ORDRE A PRIX TRÈS MODÉRÉS

Se recommande par sa bonne tenue et par ses constantes améliorations

GARAGE D'AUTOMOBILES
A PROXIMITÉ DE L'HÔTEL

STATIONS DU MÉTROPOLITAIN { LOUVRE
{ LES HALLES

ADRESSE TÉLÉGRAPHIQUE
" CENTRHOTEL "
TÉLÉPHONE 146-80 326-08
PARIS & LA PROVINCE
CENTRAL-HÔTEL

300 Chambres nouvellement Restaurées
TRÈS CONFORTABLEMENT MEUBLÉES
TOUTES SUR LARGES RUES
Rue du Louvre, Rue de Viarmes, Rue Berger
Lumière Electrique dans toutes les Chambres
RESTAURANT - SALONS DE LECTURE - FUMOIR - CAFÉ
LES SALLES DE BAINS ET LES CABINETS DE TOILETTE SONT CHAUFFÉS
CHAMBRES AVEC EAU CHAUDE & EAU FROIDE — CHAMBRES AVEC SALLE DE BAINS
SALONS DE COIFFURE POUR DAMES & MESSIEURS
PERSONNEL POLYGLOTTE
ASCENSEUR DESSERVANT TOUS LES ÉTAGES

PLAN-TARIF

LES PRIX DE LOCATION DES CHAMBRES INDIQUÉS DANS CE TARIF
COMPRENNENT L'ÉCLAIRAGE ÉLECTRIQUE, LE SERVICE
ET LE CHAUFFAGE PAR LA VAPEUR

Pendant la Saison d'Hiver

TOUTES LES CHAMBRES SONT CHAUFFÉES, SANS AUGMENTATION DE PRIX

Chauffage Central par la Vapeur à basse pression.

Restaurant

TARIF DES REPAS A PRIX FIXES

PETIT DÉJEUNER 1'50

Café, Thé ou Chocolat avec Pain, Croissant et Beurre

DÉJEUNER 3'50

de 11ʰ à 1ʰ1/2

Hors-d'Œuvre ou Légume
2 Plats au choix
Fromage
Dessert
1/2 Bout. de Vin Blanc ou Rouge
ou Cidre, Bière ou Thé

DINER 4'50

de 6ʰ à 8ʰ1/2

Potage
Poisson
Entrée
Rôti - Salade
Entremets ou Dessert
Fromage
1/2 Bout. de Vin Blanc ou Rouge
ou Cidre, Bière ou Thé

SERVICE PAR PETITES TABLES SÉPARÉES

RESTAURANT A LA CARTE

BONNE CAVE - **Eau Stérilisée** - *EXCELLENTE CUISINE*

❦ ENTRESOL ❦

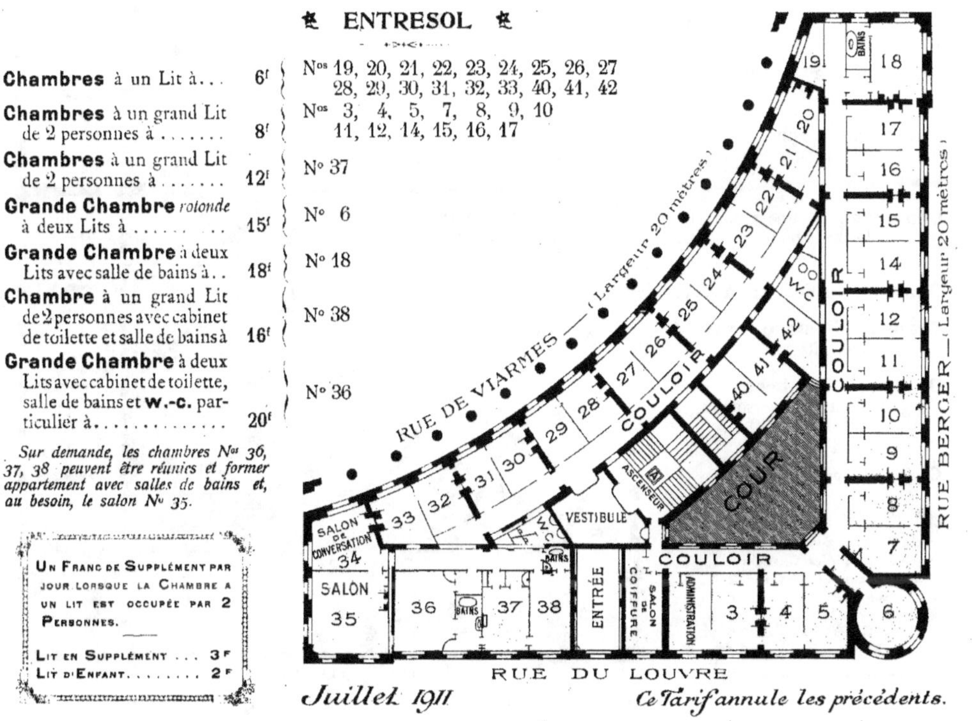

Juillet 1911   *Ce Tarif annule les précédents.*

Chambres à un grand Lit de 2 personnes à....... 6ᶠ — Nᵒˢ 167 et 168

Chambres à un grand Lit de 2 personnes à....... 7ᶠ — Nᵒˢ 151, 152, 153, 154, 155, 156 157, 158, 159, 160, 161, 162 163, 164, 165, 166

Chambres à un grand Lit de 2 personnes à....... 8ᶠ — Nᵒˢ 129, 130, 131, 132, 134, 135 136, 138, 140, 141, 142 143, 144, 145, 146 147, 148, 149

Chambres à deux Lits à..... 11ᶠ — Nᵒˢ 133 et 137

Grande Chambre *rotonde* à deux Lits à........... 13ᶠ — Nᵒ 139

Grandes Chambres à deux grands Lits de 2 personnes Nᵒˢ 128 et 150 à....... 14ᶠ

Cabine téléphonique à l'étage

Un Franc de Supplément par jour lorsque la Chambre a un lit est occupée par 2 Personnes.

Lit en Supplément ... 3ᶠ
Lit d'Enfant........ 2ᶠ

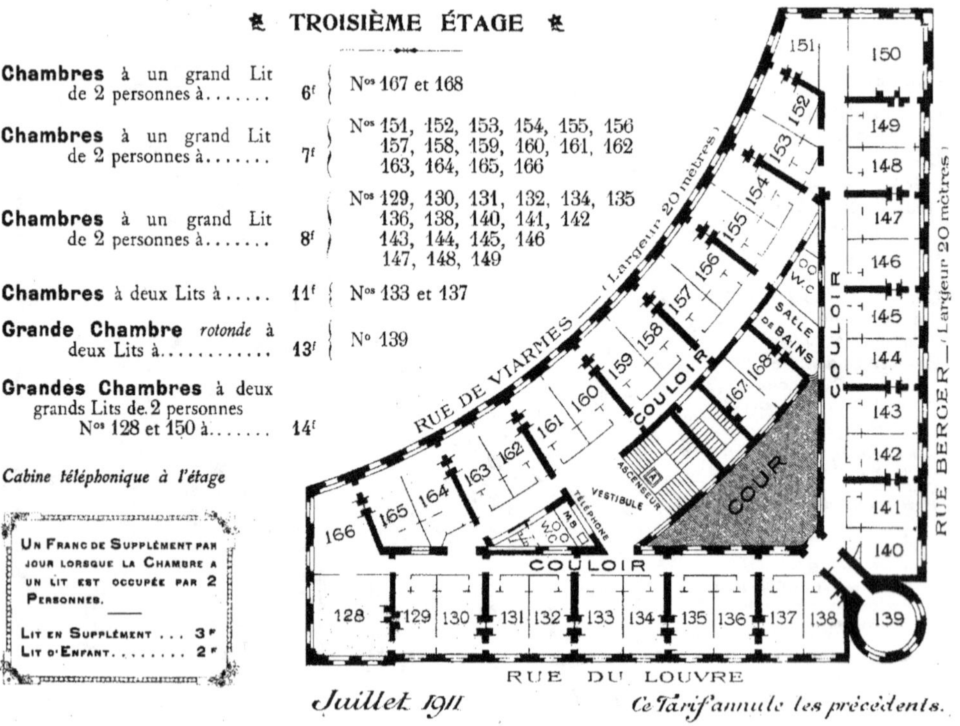

Juillet 1911 — *Ce Tarif annule les précédents.*

✿ QUATRIÈME ÉTAGE ✿

Chambres à un grand Lit de 2 personnes à....... 6ᶠ — Nᵒˢ 209, 210, 211

Chambres à un grand Lit de 2 personnes à....... 7ᶠ — Nᵒˢ 171, 172, 173, 174, 176, 177 178, 179, 180, 182, 183, 184 185, 186, 187, 188, 189, 190 191, 193, 194, 195, 196, 197 198, 199, 202, 203, 204 205, 206, 207, 208

Chambres à deux Lits à...... 10ᶠ — Nᵒˢ 175, 200, 201

Grande Chambre *rotonde* à deux Lits à........... 12ᶠ — Nᵒ 181

Grandes Chambres à deux grands Lits de 2 personnes . Nᵒˢ 170 et 192 à...... 13ᶠ

Cabine téléphonique à l'étage

> **Un Franc de Supplément par jour lorsque la Chambre a un lit est occupée par 2 Personnes.**
>
> **Lit en Supplément** ... 3ᶠ
> **Lit d'Enfant**....... 2ᶠ

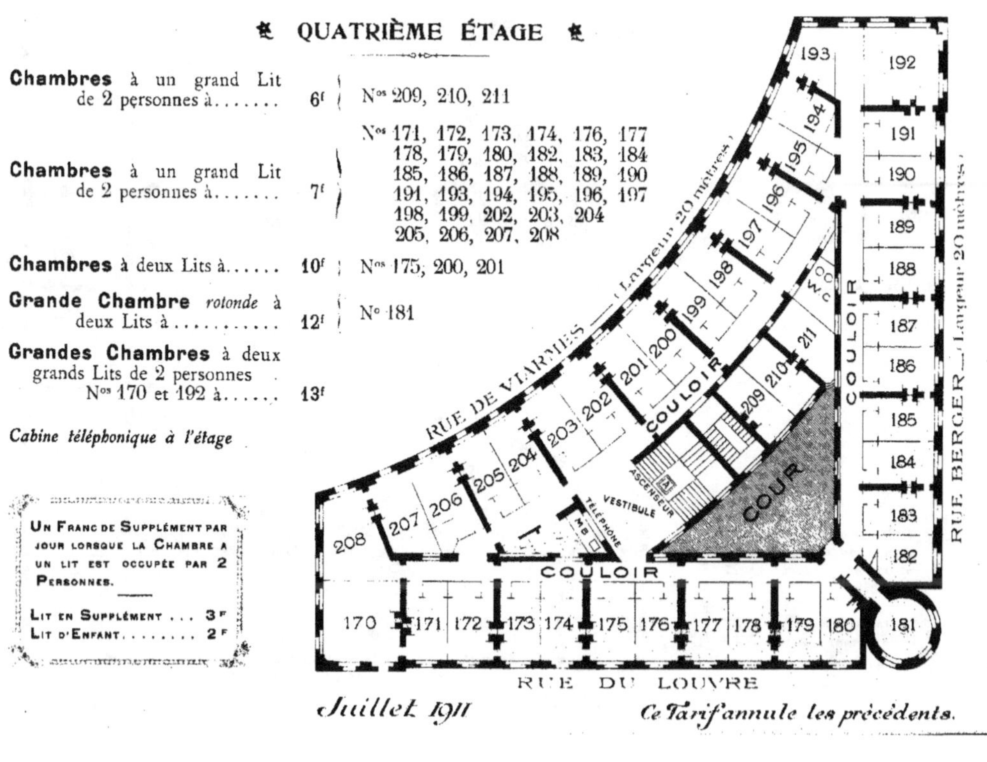

Juillet 1911 — *Ce Tarif annule les précédents.*

❦ CINQUIÈME ÉTAGE ❦

Chambres à un grand Lit de 2 personnes à....... 5ᶠ ⎱ Nᵒˢ 223, 225, 226, 227 228, 229, 230, 231 232, 246, 247, 248 249, 250, 251,

Chambres à un grand Lit de 2 personnes à....... 6ᶠ ⎱ Nᵒˢ 214, 215, 216, 217 218, 219, 220, 221 222

Chambre à deux Lits à....... 10ᶠ ⎱ Nᵒ 224

Chambre pour Courrier à 4ᶠ

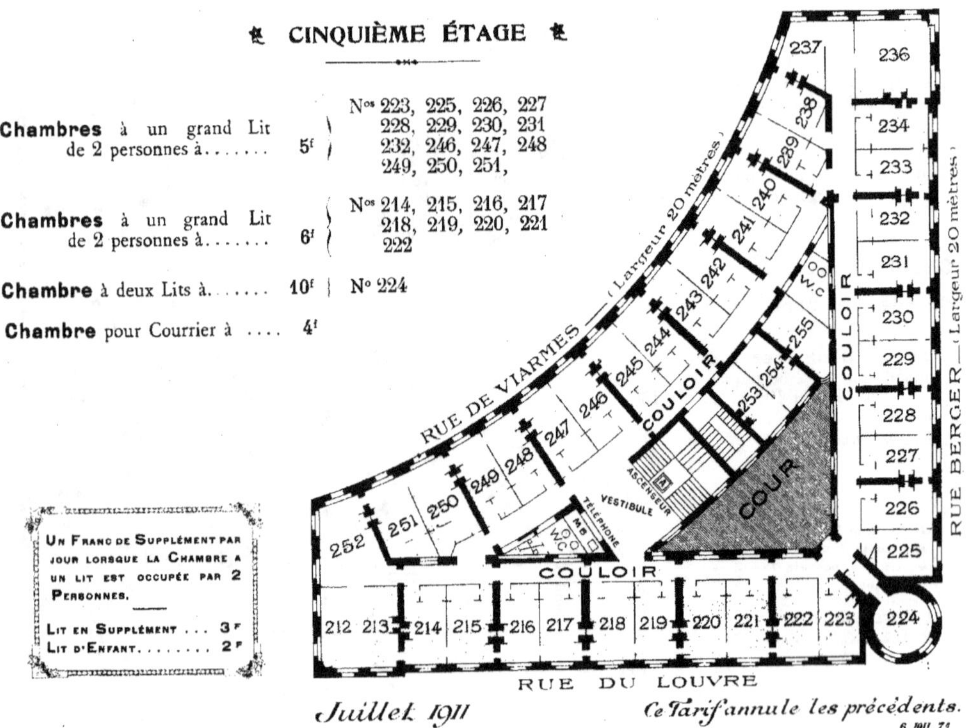

Juillet 1911   *Ce Tarif annule les précédents.*

6. 1911. 7ᵉ

RESTAURANT

GRAND HALL

PETIT HALL

SALON DE LECTURE

SALON
RÉSERVÉ aux DAMES

CHAMBRE

SALLE DE BAINS

GORCE - ÉDITEUR - PARIS